내 마음 좀 알아도고

이종문 시집

시인동네 시인선 200　　　　　　　　　　　이종문 시집

내 마음 좀 알아도고

시인동네

시인의 말

    미증유 파천황의 코로나 소용돌이로 전 세계가 온통 쑥대밭이 되었던 지난 3년 동안, 금호강과 낙동강이 합류하는 강정마을의 까치 둥지와 가야산 농막에서 지었던 시들을 두서없이 한자리에 모아 보았다. 여러모로 미흡한 줄 잘 알고 있지만, 미우나 고우나 내 속으로 낳은 내 새끼들이다.

2023년 3월
가야산 농막에서
이종문

차례

시인의 말

제1부

걸음마를 배우는 아기를 보며 · 13

호박씨 하나 속에 · 14

하관 · 15

내 비로소 철이 들어 · 16

아이쿠나 식겁이야 · 17

그마 깨지 마이소 · 18

땀이 온통 범벅이야 · 19

누가 대답 하겠노? · 20

글치 · 22

안 될 때는 우얄끼고 · 23

아버님 생각 · 24

시인 · 26

편지 · 27

이제는 됐다는 듯 · 28

내 잘못도 있었거든 · 29

고맙심더, 미안심더 · 30

제2부

범종이 당목에게 · 33
니가 도로 꺼져 줄래 · 34
벌레들께 고함 · 35
저 새빨간 대추 하나 · 36
그냥 돌아왔답니다 · 37
내 원망은 하지 말고 · 38
그날의 오줌 소리 · 40
열쇠의 말 · 41
그게 죽을 죄입니까 · 42
봄 · 43
초승달이 곱더군요 · 44
천만에 · 45
절만 받고 있지 말고 · 46
나 원 · 47
그대 얼굴 · 48
이불 덮어 재워 주랴 · 49
입적 · 50

제3부

내 마음 좀 알아도고 · 53

봄날 · 54

돌연! · 55

야자가 자살하다 · 56

이게 다 웬 떡이야 · 57

중복 · 58

초승달에 걸린 거야 · 59

관계 · 60

매운탕은 끼리노께 · 61

지은 죄 · 62

야호! 소리칠 뻔했네 · 63

내 고향 땅 애벌레야 · 64

몰라 · 66

나쁜 놈 · 67

참 희한한 일이군요 · 68

까닭 · 69

물증 · 70

제4부

자나? · 73

정말 어쩔 수가 없어 · 74

양파 · 75

매미 껍질 · 76

누이 좋고 매부 좋고 · 77

물어볼 수밖에 없지 · 78

만감 · 79

내가 넘어갈 줄 아나 · 80

장관이 다 웬 말이고 · 81

황혼녘 · 82

2주일간 영창 갔다 · 83

마누라꽃 · 84

사자가 누워 있다 · 85

오늘은 이판사판 · 86

씨발 · 87

저를 용서 하이소 · 88

제5부

아뿔싸 · 91

그마 그냥 살지 그래 · 92

울 엄마는 답이 없다 · 94

후네끼고 엉기난다 · 95

영벽정 가는 길 · 96

수덕사 갈라 카머 · 97

강아 · 98

이 애미를 용서해라 · 99

이거야 정말 · 100

코로나 선물 · 101

마스크 이불 · 102

요즈음 · 103

누가 좋다 카더나 · 104

올봄에는 못 가봤다 · 105

대구는 0! 대구 만세!! · 106

해설 언어의 고향을 찾아 · 107
      오민석(문학평론가·단국대 교수)

제1부

걸음마를 배우는 아기를 보며

요 귀여운
두 발로다

어디 어디
다니면서

고사리
두 손으로

무슨 무슨
일을 하여

처자식
먹여 살릴까?

제 입에도
밥을 넣고

호박씨 하나 속에

참 놀라운 일이구나, 이 호박씨 하나 속에

새파란 떡잎 두 장 고이 엎드리고 있다

각질을 우지끈 깨고 두 팔을 딱, 벌리다니

어안이 벙벙하구나, 바로 그 떡잎 속에

담장을 온통 덮을 긴긴 문장 품고 있다

조금씩 조금씩 풀어 자서전을 쓴다는 게

기적이 따로 없구나, 그 문맥 젖줄 물고

누렇게 익은 호박 그 소복한 씨앗마다

새파란 떡잎 두 장이 고이 숨어 있다는 게

하관

소의

콧등에다

오줌을 누곤 했던

시인 문인수 형 하늘길로 떠납니다

하느님 받아주소서!

소도 용서

했답니다

내 비로소 철이 들어

   그때가 떠오른다 저 광활한 바닷물이 강물에 물을 조금씩 나눠준다 착각했던 일곱 살 여덟 살 무렵 철이 조금 덜 들었던,

   그때가 떠오른다 세상에 바닷물이 조그만 강물마저 다 빼앗아 가는 것에 뜨겁게 분노하면서 머리띠를 둘렀던,

   그때가 떠오른다 놀랍게도 바닷물이 조그만 강물들을 죄 수탈해 가는데도 강물이 여전한 것을 의아하게 여겼던,

   이제 좀 알 것 같다 내 비로소 철이 들어 저 광활한 바닷물이 구름 되고 비가 되어 강물에 물을 조금씩 나눠주고 있다는 걸

아이쿠나 식겁이야

비 온 뒤 골목길에 두꺼비가 앉아 있다
그냥 하도 심심해서 발로 툭,툭, 건드리니
슬며시 몸을 비틀어 왼쪽으로 냅다 뛴다

일마가 제법이네, 앞을 가로 막고 서자
다시 몸을 왼쪽으로 비트는 척하다가는
도리어 오른쪽으로 죽을 둥 살 둥 뛴다

헐레벌떡 앞질러 가 바로 앞에 딱 버티니
한참을 심호흡하며 두 눈 부릅뜨더니만
날 향해 후다닥 뛴다, 아이쿠나 식겁이야!

그마 깨지 마이소

조그만 상을 탔다, 고향에서 주는 상을
수상 꽃다발을 엄마 품에 폭 안겼다
기저귀 차고 누우신 아흔네 살 얼라 품에

어디에 그런 힘이 아직 남아 있었는지
들입다 일어나서 큰 박수를 냅다 치고
꽃다발 굽어보시다… 폭 쓰러져 주무셨다

히죽히죽 웃으시며 콜콜 잠든 엄마 보며
내 잠시 기도했다, 벼락 맞고 남을 기도
그토록 행복하신 잠 그마 깨지 마이소

땀이 온통 범벅이야
―산 너머 김 영감님

황구렁이 한 마리가 담장 타고 넘어와서
달걀을 꿀꺽 먹고 슬슬 돌아가는 것을
까꾸리 확 잡아당겨 몽둥이로 패 죽였지

대가리를 감나무에 대못으로 쾅쾅 박고
도루코로 살살 오린 목 가죽을 확 당기니
껍데기 홀랑 벗겨져 알몸이 다 드러났어

알몸일랑 돼지우리 돼지에게 던져주고
칼싸움 나무칼에 뱀 껍데기 씌운 뒤에
그 칼을 들고 나가면 온 동네가 기겁했지

요즈음 황구렁이가 꿈에 자꾸 나타나서
물고 온 큰 달걀을 내 품에다 놓고 가데
화들짝 일어나보면 땀이 온통 범벅이야

누가 대답 하겠노?

오솔길
걸어가다
풀꽃들을 만나거든

풀꽃아
풀꽃아 하며
뭉뚱그려 부르지 말고

메꽃아
붓꽃아 하며
제 이름을 불러주게

끝순이를
만났으면
끝순이라 불러주고

돌쇠를
만났으면

돌쇠라고 불러야지

사람아
하고 부르면
누가 대답 하겠노?

글치

동네가 쥐 죽은 듯 무섭도록 고요한 건

앞 강에 먹뻐꾸기가 뻐꾹뻐꾹 울어대고

뒷산에 월척 붕어가 펄쩍펄쩍 뛰니 글치

안 될 때는 우얄끼고

일 년에 딱 한 번씩 들러가는 간이역의
공중 화장실 벽에 사진 한 장 붙어 있다
한 마리 청개구리가 죽으라고 용을 쓰는

앞발로 꽉 움켜쥔 가지에다 목을 걸고
버둥대는 뒷다리 밑 이런 글이 적혀 있다
조금 더 힘을 내세요, 올라갈 수 있어요

하지만 칠 년 전부터 발버둥을 쳤는데도
아직도 못 올라갔다, 마냥 부추겨도 되나?
청춘을 다 투자해도 안 될 때는 우얄끼고

아버님 생각

1
그 옛날 순 임금은 요 임금이 별세하자

국물을… 바라봐도… 담장을… 쳐다봐도

삼 년을 요 임금 얼굴 떠올랐다 하셨지요

이 세상 천지간에… 당신 얼굴뿐입니다

황소의 그 큰 눈에, 미루나무 잎새마다

메뚜기 대가리에도, 하늘나라 낮달에도

2
 구월이가 댕겨간 지 열한 달이 지나가서 다시 구월이가 댕기러 오더니만 내년에 다시 온다며 잘 있거라 하고 가네

구월이가 댕겨간 지 하머 열한 달이 지나 다시 구월이는 또 댕기러 왔다마는, 댕기러 왔다가 가서 또 댕기러 온다마는…

시인
― 마누라의 말

이 세상 만물들과
열애에
빠진 사람

지네도 자벌레도
되어보곤
하는 사람

마누라 마음만 빼고
모르는 게
없는 사람

편지

형님요 작년 이맘때 편지를 한 통 써서 하느님께 등기속달로 부친 적이 있습니다
사연은 이렇습니다, 어디 한번 들어보소

소의 콧등에다 오줌을 누곤 했던 시인 문인수 형 하늘길로 떠납니다
하느님 받아주소서, 소도 용서했답니다

이 편지 부치고 나서 속앓이가 심했심더
간도 크지 하느님께 소도 용서했다면서 소에게 묻지도 않고 거짓말을 했거든요

그래도 본바탕은 꽤 괜찮은 놈이라고 형님이 하느님께 말씀 좀 잘해주소
그라머 그렇게 알고 총총 붓을 놓심니더

이제는 됐다는 듯

그 속정은 내 몰라도 능소꽃 한 송이가

담장 타고 넘어와서 나와 눈을 딱 맞춘 뒤,

돌연히 몸을 던지네

아! 이제는

됐다는 듯

내 잘못도 있었거든

울화통 터진 날엔 울화통이 터진 즉시
커다란 다라이에 물을 반쯤 부은 뒤에
빨랫감 다 집어넣고 발 빨래를 해보게나

하이타이 풀어놓고 청바지를 둥둥 걷고
울화통 터지게 한 놈 내 발밑에 있다 치고
맨발로 첨벙 들어가 지근지근 밟아보게

그 무슨 지신 밟듯 허벌나게 밟다 보면
서늘한 물 기운에 울화통이 가라앉지
아구통 날릴 놈들도 죄다 용서하게 되고

물방울 튀는 맛에 세 번 탁, 탁, 힘껏 털어
새하얗게 걸어놓고 바지랑대 받칠 때는
슬며시 반성도 되지, 내 잘못도 있었거든

고맙심더, 미안심더

내 단골집 박꽃식당 박꽃 같은 안주인은

두 손을 마주 잡고 이런 말로 맞습니다

그 맛이 그 맛일 낀데 또 오시니 고맙심더

카드를 받아 들 땐 늘 이렇게 말합니다

우리 집에 오신 손님 상차림은 당연한데

번번이 돈을 받아서 쑥스럽고 미안심더

제2부

범종이 당목에게

어디 나만 아플 건가, 너도 또한 아픈 것을

그래도 힘껏 쳐라, 너와 내가 으스러져

산 넘고 물을 건너는 소리 한번 내어 보자

니가 도로 꺼져 줄래

나는 냅다 그대들을 뽑을 수가 있지마는
들입다 그대들이 날 뽑을 순 없잖느냐
뿌리째 뽑히기 전에 떠나거라 잡초들아

뭐라고? 나를 뽑아? 도로 뽑히지나 마라
나는 지구 깊이 뿌리를 꽉, 박고 있고
그대는 부평초 신세, 뽑을 것도 없잖느냐

내 텃밭은 고작해야 대여섯 평뿐이어니
대여섯 평 바깥에도 세상은 참 넓잖느냐
왜 하필 여기에 와서 나와 맞짱 뜨르느냐

그대는 그대 텃밭 옮겨갈 수 있지마는
난 그렇게 못하는 걸 그대도 잘 알잖느냐
그런데 떠나가라니? 니가 도로 꺼져 줄래

벌레들께 고함

이제 잡초와의 전쟁은 끝났는데 눈에 잘 뵈지도 않는 벌레들이 나타나서

구멍을 숭숭 뚫으며 또 맞짱을 뜨잔다

농약을 확 뿌리면 금방 끝장나겠지만 내 입에도 농약 묻은 채소가 들어갈 터

그래서 맹물에다가 소주를 타 주련다

이 맹물 깡소주를 내 거듭 권하노니 다들 벌컥벌컥 거푸 잔을 비운 뒤에

낮술에 불과히 취해 취생몽사 하거라 응,

저 새빨간 대추 하나

작년 가을 텃밭에 심은 쉰 그루 대추낭게
봄 돌자 꽃이 피고 아기 대추 달렸더라
하나도 둘도 아니고 무려 모두 세 개더라

그 세 개가 하 귀여워 대추밭에 살았는데
제기랄! 그 가운데 제일 굵고 튼실턴 놈
비바람 천둥을 맞고 똑 떨어져 버리더라

그래도 남은 둘이 무럭무럭 자라나서
따가운 가을볕에 볼이 붉게 익었는데
아뿔싸! 그중에 하나 벌레 먹은 놈이더라

마지막 남은 하나를 차례상에 올려놓고
액자 속 아버님께 두 번 절을 올리는데
아버님 애틋한 눈길, 저 새빨간 대추 하나!

그냥 돌아왔답니다

어제는 못골 못에 낚싯대를 드리우고

참말로 희한케도 삼십 리 밖 성불산이

첩첩 산 못물 속에서 놀고 있는 것을 봤고,

오늘은 아침 일찍 성불산에 올라가서

저 아득한 못골 못 속 내 모습을 더듬다가

끝끝내 찾지 못하고 그냥 돌아왔답니다

내 원망은 하지 말고

그동안 단 한 마리도 죽은 적이 없었는데
어항 속 각시붕어가 자꾸자꾸 줄어들어
이상타, 이상타 하며 들다 보고 있었지요

그때 돌 밑에 있던 군기반장 뿌구리가
느닷없이 솟구쳐서 아가리를 딱 벌리고
단숨에 각시붕어를 왈칵 삼켜 버리데요

네 놈이군, 현행범을 즉석에서 체포하여
화장실 양변기 속에 자가격리 시켜놓고
하룻밤 뉘우치면서 반성문을 쓰게 했죠

이튿날 아침에 보니 반성문은 커녕이고
뭔 잘못 했느냐고 볼멘 표정 지으면서
어슬렁 어슬렁거리며 잘도 놀고 있더군요

어라? 얼마 봐라, 화가 울컥 치밀어서
에라이, 변기 스위치 홱 눌러 버렸지요

잘 가라 이 깡패놈아, 내 원망은 하지 말고

그날의 오줌 소리

결혼 전 마누라가 우리 집에 인사 와서
재래식 화장실에서 오줌을 눈 적 있다
참다가, 참다가 누는 오줌 소리 시원했다

그 순간 내 가슴이 참 벅차게 요동쳤다
우리 둘 오줌이 섞여 들판으로 간다는 게
거룩한 우주 교감의 성사처럼 느껴졌다

살다가, 살다가 보면, 성질날 일도 많아
마누라가 막무가내 막 미워져 올 때마다
그날의 오줌 소리가 귀에 쏟아지곤 했다

열쇠의 말

그대 아랫도리 내가 불쑥 들어가서

오른쪽 왼쪽으로 이리저리 돌렸더니 참말로 희한한 세상 문이 철컥 열리고,

그대는 내게로 와서 나의 꽃이 되더네*

---

*김춘수 시인의 「꽃」에서.

그게 죽을 죄입니까

이 채마밭 주인어른요 내 말 좀 들어봐요
우리가 나비 되어 훨훨 춤을 추기 위해
배춧잎 좀 갉아먹은, 그게 죽을 죄입니까

어젯밤 산돼지 떼가 우락부락 내려와서
땅콩 밭, 고구마 밭, 쑥대밭을 만들어도
연떠꺼, 허허 그것참, 혀만 끌끌 차놓고선

봄

젖도 안 뗀 간얼라를 남의 문에 두고 오듯

우리 집 큰얼라를 남의 손에 떼 맡기고

밥 대신 뻐꾸기 울음 뻐꾹 뻐꾹 퍼먹는 봄

초승달이 곱더군요

참 푸른 날이었죠 내 나이 열한 살 때 앞 거랑에 발을 씻다 뒷산을 쳐다봤죠
 온 동네 된장 고추장 뒤범벅된 단풍을요

 그 순간 느닷없이 돌이 하나 날아와서 난데없이 뒤통수를 된통 내리쳤죠
 윽 하고 쓰러졌지요 잠시 까무러친 거죠

 누가 그랬는지 아직도 모르지만 만물의 영장이란 그 짐승의 짓이겠죠
 돌멩이 던질 줄 아는 하나뿐인 그 짐승요

 얼마나 지났을까 살며시 눈을 뜨니 아무도 없는 거랑 미친 놀이 깔리더니
 별 총총 밤이 왔어요, 초승달이 곱더군요

천만에

호박에 줄 긋는다고 수박이 되느냐고?

그럼 그 수박에 줄 지우면 호박 되나?

웃기네, 언제 호박이 수박 될라 카더나?

절만 받고 있지 말고

내 오늘 남산이 좋아 남산 길을 슬슬 걷다
홀린 듯 칠불암 지나 수리봉까지 갔네
김밥도 물 한 병도 없이 맨손으로 말일세

갈 때는 흥에 겨워 멋모르고 갔다마는
올 때는 기진맥진 하늘이 다 노래졌네
다리가 죄다 풀리고 헛것이 막 나타났네

그땔세, 돌부처마다 절을 하던 아지매들
돌부처 앞에 앉아 꿀사과를 먹고 있데
배 터져 죽겠다면서 그 많은 걸 와삭와삭

부처도 무심하시데, 그때 불쑥 입을 벌려
배고파 죽을라 칸다, 저 사람께 나눠 줘라
그래야 부처 아닌가, 절만 받고 있지 말고

나 원

똥파리 딱 한 마리가 사나흘째 빙빙 돌며
눈앞에 알짱거려 짜장 짜증 나게 하네
아무리 잡으려 해도 종당 잡을 수가 없네

파리채를 찾아 왔네, 그래도 소용없네
그 파리채 들 때마다 똥파리가 용케 알고
파리채 잡은 손등에 내려앉는 데야 나 원

그대 얼굴

막걸리 한잔할까

찌짐을

부치는데

둥근 찌짐 위에

문득

그대 얼굴

찌짐을 뒤집어엎어도

아! 거기도

그대 얼굴

이불 덮어 재워 주랴

함박눈
뒤집어쓴
고라니 세 마리가
날은 깜깜 저무는데 대체 어딜 헤매다가
산 아래 아파트 불빛
빤히 쳐다보고
있나?

저 고라니
세 마리를
우리 집에 초대하여
모락모락 김이 오르는 쌀밥 한 상 차려주고
따뜻한 아랫목에다
이불 덮어
재워 주랴

입적

정말 통쾌하게 하늘소가 누워 있다

난생처음으로 지구에다 등을 대고

다리를 번쩍 쳐들어 저 하늘을 떠받치며

제3부

내 마음 좀 알아도고

학교 뒷산 팔각정의 개발새발 낙서들을

무심코 바라보다 내 심장이 딱 멈췄다

종문아! 난 니가 좋다, 내 마음 좀 알아도고

봄날

참 좋은

봄날이다

나 그대와 함께라면

마라소·안소* 되어 쟁기라도 끌고 싶은,

연애질, 매를 맞아도

춤이라도

출 것

같은,

―――――――
*마라소·안소: 두 마리가 끄는 쟁기의 오른쪽 소와 왼쪽 소.

돌연!

어머니가
병문안을
거부했습니다

돌연!

아무리 아들이고 낼모레가 백이라도 퍼렇게 피멍 든 얼굴 보여주긴 싫답니다

야자가 자살하다

누가 스승의 날에 큰 화분을 보내왔다
먼 나라 야자라는데, 딱 보니 가짜 같다
진짜는 저리 가라는 그런 가짜 말이다

그런데 다시 보니 잎새 끝이 말라 있어
혹시 진짠가 싶어 손톱으로 째비봤다
그래도 알 수가 없어 더러 물을 주곤 했다

일 년을 물을 줘도 새 잎새도 아니 나고
말랐던 잎새 끝이 더 마르는 법도 없어
가짜야, 가짜일 거야, 하면서도 물을 줬다

하지만 삼 년 뒤에 진짜임이 드러났다
석 달 열흘 바다 밖을 떠돌다가 돌아오니
그 사이 혀를 깨물고 자살을 한 것이다

이게 다 웬 떡이야

자다가도 떡 생기는 그런 날도 있는 기라
오늘도 그런 기라 짜장 몹시 따분한데
소방용 헬기 세 대가 돌연 나타나는 기라

다다다… 다다다다…… 낙동강에 내려와서
거대한 물 바구니에 물을 퍼서 솟구치다
허공에 들입다 쏟아 폭포 셋이 걸린 기라

그만해도 언간한데 그 큰 폭포 바로 옆에
어머야! 무지개 세 채 한꺼번에 뜨는 기라
도대체 떡이 몇 개라? 아 이게 다 웬 떡이야

중복

거기가 어디라고 대형 덤프트럭 밑에

누렁이가 드러누워 낮잠을 자고 있다

앞다리 오그리고서 뒷다리를 쭉 뻗친 채

가끔씩 파리 떼를 발로 냅다 걷어차다

꼬리를 살랑거리며 헤죽헤죽 웃기도 해

애인과 자전거 타는 꿈을 꾸고 있나 몰라

초승달에 걸린 거야

미끼를 새로 끼워 강에 힘껏 던졌는데

제기랄, 낚싯대가, 돌연 휘청하지 뭐야

아 글쎄, 낚싯바늘이 초승달에 걸린 거야

관계*

당신이 중전 할래?
그럼 내가
왕이 되고

내가 마
해님 할게
당신은 달님 해라

아니야
당신은 능금!
나는
모과하고
말게

---

*서정춘 시인의 「기념일」에 대한 군말.

매운탕은 끼리노께

어젯밤

고향 친구가

전화를 불쑥 했다

너거 집 백목련에 꽃이 펑펑 터졌는데

올해는 안 올라 카나?

매운탕은

끼리노께

지은 죄

수양버들 휘늘어진 낙동강 가 모래밭에 떠돌이 개 두 마리가 엉덩이를 마주 대고
사랑을 나누고 있다, 벌써 이십팔 분째다

한 마리는 비슬산의 도통바위 바라보고 또 한 마린 저 가야산 부처바위 쳐다보며
거룩한 종교의식을 거행하고 있는 게다

내 어릴 때 지은 죄가 불현듯 떠오른다
앞집 개, 뒷집 개가 우리 논에 서로 만나 의식을 거행하는데 돌멩이를 내던졌던,

그래도 아랑곳 않고 싸락눈을 맞아가며 숙연한 신앙 활동을 계속하고 있는 것을
작대기 들고 다가가 엉덩이를 때렸던 죄

야호! 소리칠 뻔했네

산문집 열네 권을 육만 원에 판다는데
그중에 『나무의 주인』 내 책도 끼어 있네
슬며시 화가 치미네, 내가 몽땅 사뿌까 마

어? 그런데 다시 보니 신영복 선생의 책
이어령 선생 책은 두 권이나 끼어 있네
그 순간 나 하마터면 야호! 소리칠 뻔했네

내 고향 땅 애벌레야

어머니가 보내주신
채소들을 다듬는데

애벌레 한 마리가
그냥 툭, 떨어졌다

온몸을 둥글게 말고
시치미를 딱 뗀다

아무리 벌레라도
내 고향 땅 애벌렌데

쓰레기통에다가
내동댕이칠 순 없고

벌레와 한 이불 덮고
같이 살 순 더욱 없고

애벌레야~ 애벌레야~
내 참말로 미안타만

풀밭에 놓아 주꾸마
제발 부디 죽지 말고

나비 돼 고향 가거라
내 고향 땅 애벌레야

몰라

몰라

몰라 몰라

그 연유를 나는 몰라

봄날 새싹들이 뾰족뾰족 돋아오면

왜 이리 눈물이 나나?

나는 알다가도

몰라

나쁜 놈

오솔길 걸어가다 고라니를 만났는데,

입에다 풀을 문 채 나를 빤히 쳐다보다 갑자기 급유턴하여 마구 달아나더군요

이마의 주홍글씨를 아마 읽었던가 보죠

참 희한한 일이군요

텃밭 밴드 사진 아래 이런 글이 올라왔다
이게 무슨 꽃이냐고 아이들이 물어싸서
인터넷 검색을 해보니 감자나무 꽃이네요

그 아래 장난인가? 이런 댓글 올라왔다
세상에나 감자나무가 이렇게 생겼군요
열매는 꽃 진 자리에 주렁주렁 달리나요?

놀리나? 이런 댓글이 다시 불쑥 올라왔다
그걸 저도 잘 몰라서 다시 검색해봤더니
감자는 뿌리에 달려요, 참 희한한 일이군요

까닭

그 까닭을 모르겠네, 한여름 황토밭에 땀을 뻘뻘 흘리면서 쟁기질하는 소를 송아지 졸졸 따르며 이랑마다 도는 까닭?

물증

개똥밭에 뒹굴어도 이승이 더 낫다며
살려고 악착같이 몸부림을 치지마는
저승에 갔다 온 사람 누가 있어 그걸 아나?

찰카닥, 새 세상이 짜잔! 열릴지도 몰라
똥구덩이 속에 살다 꽥꽥 비명 치며 죽은
고사상 돼지머리의 저 환한 미소 좀 봐

제4부

자나?

…… 자까?
그래 자자

그래 그럼
자자꾸나……

…… 자나?
아니 안 자

자지 와
잠이 안 와……

자자 마
그래 마 자자……

…… 자나?
아니 안 자

정말 어쩔 수가 없어
— 반어 능청조로

퇴임을 하고 나니 와 이렇게 좋노 몰라
삶의 행복이란 게 바로 이런 건가 싶어
얼씨구, 하도 좋아서 훨훨 날아갈 것 같아

너무너무 좋다 보니 양심의 가책 느껴
마카 다 참 어렵고 힘이 드는 세상에서
나 혼자 이리 좋으니 무슨 죄를 짓나 싶어

하지마는 그렇다고 나마저도 불행하면
이 세상 불행의 총량 그만큼 더 늘 거 아냐
미안해, 미안하지만 정말 어쩔 수가 없어

양파

뭐라고?
까도 까도
까도 까도 양파라고?

미친 놈!
나를 보고
표리부동하란 건가

내 속을 내가 품는데
뜬금없이
지랄이야

매미 껍질

나는 어머니 품을 떠난 지가 오래되어

계셔도 계시는지도 이제 가물가물한데

어머닌 아직도 나를 품에 안고 사신다

누가, 애비야 하고, 부르기에 돌아보니

깡말라 비틀어진 매미 껍질 한 마리가

마당귀 감나무 밑에 툭 떨어져 있었다

누이 좋고 매부 좋고

채 뜯지도 못한 시집 아무거나 가져와서
라면 냄비 받침대로 써온 지 달포째다
만약에 시인이 알면 패 죽일라 카겠지

아니지, 그렇잖지, 그럴 일이 전혀 없지
이 힘든 세상에서 받침대가 된다는 거
그보다 좋은 게 뭐야? 가슴 뿌듯하지 싶어

만약에 내 시집을 받침대로 써준다면
아직도 남은 것들 몽땅 보내주고 싶어
무엇을 받쳐도 좋아, 궤짝이든 돌침대든

시집으로 받쳐주면, 이게 웬 호사냐며
마카 다 얼씨구나 훨훨 춤을 출 거 아냐
세상에, 이거야말로 누이 좋고 매부 좋고

물어볼 수밖에 없지

노루와 고라니가
어떻게 다르냐고?

수컷 노루들은
머리 위에 뿔이 돋고

송곳니 삐쭉 나온 건
고라니 수놈이지

그럼 암컷들은
어떻게 아느냐고?

애야 너는 노루니?
아니면 고라니니?

노루와 고라니에게
물어볼 수밖에 없지

만감

도살장

끌려가나?

트럭 위의 소 떼들이

노오란 귀표 단 채 물끄러미 돌아본다

함박눈 퍼붓는 고향,

마구간을

말이다

내가 넘어갈 줄 아나

엄마, 내 누구고? 니 누군지 알게 뭐라
엄마 나 영식이다, 엄마 막내 영식이다
미친놈, 문디 도둑놈, 니가 어째 내 막내고

어무이요 알겠능교? 막내 며늘 순애시더
이름은 들었다만 낯가죽은 처음 보네
반갑다 막내 며늘아, 야가 니 신랑이 맞나?

맞심더, 어무이요, 제 신랑이 맞습니더
그라머 이 문디가 정말로 내 막내게
길 가던 소가 웃겠네, 내가 넘어갈 줄 아나

장관이 다 웬 말이고
―문무학 시인의 말

묵값은 지가 낸다고 큰소리를 탕탕 치곤
이 세상 모든 묵 집 요리조리 피하면서
묵 한번 산 적 없으니 사기꾼이 따로 없고

알 굵은 배 한 상자를 친구에게 주라 캐도
그렇게는 못한다며 지가 꿀꺽 삼켰으니
횡령죄 따로 있겠나, 그게 바로 횡령죄지

교육부 장관 후보로 이종문이 추천되면
내사 마 필사적으로 낙마 투쟁 벌일 끼다
도대체 이런 인간께 장관이 다 웬 말이고

황혼녘

하필이면 작은 절집 지장보살 섬돌 위에

고양이 한 마리가 자는 듯이 누워 있다

여기가 좋겠군 하고, 입적하신 모양이다

이윽고, 노스님이, 자는 아기 고이 안듯

고양이를 품에 안고 부도밭을 오르시고

동자승 삽 하나 든 채 뒤를 밟는 황혼녘

2주일간 영창 갔다

그해 겨울 철책선에서 총을 들고 보초 설 때 편지가 날아왔다, 내 애인이 보낸 편지
고무신 거꾸로 신고 딴 남자께 간단 편지

피가 역류했다, 아니 이럴 수는 없어, 아니야, 아닐 거야, 그, 그럴 리가 없어
하지만 그녀는 곧장 남의 품에 폭 안겼다

불쑥, 봄이 왔다, 눈치코치 없는 꽃이 한탄강 천산 만산 폭죽을 터뜨리며
한바탕 야단벅구통 지랄 도떼기를 했다

뭐라고? 이 마당에 봄이 오고 꽃이 피어?
울컥 도분이 나 그 미친 꽃을 향해 방아쇠 잡아당겼다 2주일간 영창 갔다

마누라꽃

자세히
보아야지
더 예쁜
꽃도 있고*

어둡사리
짙어져야
더 예쁜
꽃도 있다

일흔이
내일모레인
마누라꽃
말이다

---

*나태주 시인의 「풀꽃」에서.

사자가 누워 있다

아프리카 대륙 위에 사자가 누워 있다

귀여운 새끼들이 젖꼭지를 꽉 물어도

아고야 찡그리면서, 또 희죽이 웃으면서

오늘은 이판사판

벌써 열흘째야. 아무것도 못 먹었어. 날씨는 와 이리 덥고 비도 오지 않는 거야? 마 그냥 죽고 싶어져. 숨도 자꾸 헐떡거려.

하지만 내 맘대로 죽어버릴 수도 없어. 애들이 딸렸거든. 그것도 여섯이나. 뭐라도 좀 먹어야지 젖이 다시 나올 낀데.

오늘은 이판사판 꼭 잡아 와야겠어. 그 많던 얼룩말들 대체 어디 다 간 거야. 이러다 내 새끼들을 몽땅 말려 죽이겠어.

우와! 다행이야. 버펄로 떼 나타났어. 한 마리는 잡아야 돼. 잡아야 돼. 잡아야 돼. 내 새끼 명이 달렸어. 새끼라도 잡아야 돼.

씨발

내 새끼 살리려고 남의 새끼 잡는 사이
성난 버펄로 떼 내 새끼들 다 죽였어
남 한번 해친 적 없는 참 착하디착한 애들!

왜 죽여? 날 죽이지. 이게 뭐야? 개새끼들. 빌어먹을! 푸르다니? 패 죽일라. 저 하늘은?

테스 형! 세상이 왜 이래?*
누가 만든 거야

씨발.

---
*나훈아의 노래 〈테스형!〉의 한 구절.

저를 용서 하이소

쌤의 영정 앞에 두 번 절을 올립니더

중학교 2학년 때 담임을 맡은 쌤의 그 환한 모습에 반해 제 애간장 다 태운 거 쌤도 눈치채고 계셨지요, 그런데 마른하늘 천둥 치고 벼락 치듯, 놀랍게도 쌤께 아들 둘 있다는 걸 알고 어머야! 저 남자도 최소한 두 번 이상 그 짐승 같은 더러운 짓거리를 했겠구나 하는 생각에, 돌연 만정이 뚝 떨어져서 불러도 톡 토라져 대답도 잘 안 하고 그랬던 거 쌤도 알고 계셨능교? 그런데요 쌤요 저도 한 남자 만나 아들 둘을 낳았심더

선쌤에 죄송합니다, 저를 용서 하이소

제5부

아뿔싸

두물머리 강정마을에 까치둥지 마련한 날 모처럼 천길만길 깊은 잠에 빠졌는데,

어디서 꼬꼬댁 꼭꼭 토종닭이 울더군요

알고 보니 바로 옆집에 닭 한 마리 살고 있어 날마다 꼭두새벽 기상나팔 불더군요

그 소리 알람 벨 삼아 벌떡 일어나곤 했죠

요 며칠 웬일인지 그 나팔이 뚝 끊어져 이상타, 이상타 하며 사연을 알아보니

아뿔싸! 맏사위가 와 잡아먹었다는군요

그마 그냥 살지 그래

그 정답던
잉꼬부부가
어느 날 난데없이
이른바 황혼이혼을 했다는 소식 듣고
참말로 깜짝 놀랐네
잉꼬끼리
뭔 이혼을?

그 이혼
사유 듣곤
뒤로 넘어갈 뻔했네
신혼 땐 손만 잡아도 전기가 팍 통했는데
아무리 용을 써봐도
통 전기가
안 통해서

입이 딱
벌어졌네

나이 무려 일흔다섯
더 이상 늦기 전에 통 큰 결단 내렸다니…
참말로 오래 통했네
그마 그냥
살지 그래

울 엄마는 답이 없다
— 금호강

강의 상류에는 엄마가 살고 있고
강의 하류에는 아들이 살고 있다
사이를 강이 흐른다, 탯줄 젖줄 같은 강이

흘러도 위쪽에서 아래로만 내려올 뿐
거꾸로 올라가는 그런 법은 없는 강아
참말로 야속한 강아, 치사랑은 없는 강아

그 탯줄 같은 강에 슬그머니 들어가서
그 젖줄 같은 강에 엄마라고 쓰다 말고
상류를 향해 외쳐도 울 엄마는 답이 없다

후네끼고 엉기난다

불쑥불쑥 돋는 니가 무슨 독초인 줄 알고
봄마다 새순 날 때 돋는 족족 꺾어낸 뒤
큰 돌로 내리눌러도 돌 비집고 올라왔제

내 아무리 꺾어내도 니 우지끈 다시 솟아
정말로 도분이 났다, 후네낐다, 엉기났다
그런데 내 알고 보니 니가 땅두릅이었네

땅두릅아, 땅두릅아, 니 그동안 억울했제
서러웠제, 분노했제, 땅을 치며, 통곡했제
참말로 도분이 났제, 후네낐제, 엉기났제

알아주니 고맙다만 니카 상종 안 할란다
기를 쓰고 올라가면 꺾어 먹고 꺾어 먹고
정말로 도분이 난다, 후네끼고, 엉기난다

영벽정 가는 길

비슬산 가야산이 낙동강에 와서 노는 영벽정(映碧亭)* 십리 길을 황혼녘에 걸어갈 땐, 마음을 바짝 다잡고 조심해야 하는 기라

천지간 고추장을 처바르는 저녁노을! 그 지랄 벅구통에 혼이 빠져 걷다 보면 영벽정 돌담 머리에 이마를 쿵, 박는 기라

허기사 이마 박고 뒤로 발랑 나자빠져 눈에 불이 번쩍 튈 때 미처 뛰는 놀을 함 봐, 참말로 기막힌 기라, 그래 박을 만도 하지

---

*영벽정: 대구 달성군 다사읍 문산리 소재의 정자.

수덕사 갈라 카머

수덕사 갈라 카머 직진하머 되능기요?

아녀유 직진혀선 수덕사에 못 가지유

좌회전 우회전혀도 갈 수 없을 거구먼유

그라머 우예 해야 수덕사에 가능기요?

아 이제 남은 것이 유턴밖에 더 있남유

그랑께, 바로 저기서 유턴혀서 가랑께유

강아

어릴 때 물장구치던 고향 마을 앞을 지나 이 고을 저 고을을 굽이치며 흐르다가 낙동강 그 넓은 품에 엉겁결에 안긴 강아

그대는 이제부터 금호강이 아니거니, 이 강물 저 강물을 죄다 받아 흐르다가 바다를 와락 껴안고 바닷물이 될 강아

이 애미를 용서해라

큰 애 넌 잘생겼으니 천연기념물이 되어
국가지정 문화재로 한평생을 살겠구나
애미는 자랑스럽다, 그런 너를 볼 때마다

둘째 넌 못생겼으니 천연기념물은커녕
식육용 똥개들처럼 보신탕이 되겠구나
애미는 애간장 탄다, 이 애미를 용서해라

이거야 정말

초파일 첩첩 산골 세 칸짜리 암자에도
코로나 탓이라며 문을 닫아 걸어놓고
유턴을 하라고 하네, 아 이거야 정말 나 원!

젠장 맞을 이러다가 첫 뽀뽀를 할 때에도
마스크 조여 쓰고 해야 하나 하는 생각
아니지, 방독면 쓰고 뽀뽀하게 될지 몰라

코로나 선물

1
코로나로 포위를 당한 경상도 '대구 섬'에
참 어여쁜 시인님이 명품 빵을 사 보냈네
마스크 구입하듯이 긴긴 줄을 서서 산 빵

나 눈물에 젖은 빵을 먹어본 적 없었는데
그 눈물에 젖은 빵을 나 이제사 먹어보네
산 너머 흰 구름 너머 전라도를 바라보며

2
일면식조차 없는 어느 여류시인님이 웬 소포를 보냈기에 갸우뚱? 뜯어봤다
세상에, 내 시가 좋아 뭔 선물을 보냈단다

그 선물꾸러미를 화들짝 뜯어보니 새하얀 마스크들 소복하게 쌓여 있다
눈물을 왈칵 쏟으며 울산 쪽을 바라봤다

마스크 이불

황보 씨가 쓰레기통 옆 새까만 마스크를
집게로 치우다가 참 신기한 표정이다
슬며시 주저앉아서 뭐를 물끄러미 본다

뭡니까? 뭔데 그래요? 하고 내가 다가서자
보이소, 마스크 밑에 민들레꽃 피었심더
여기서 하늘의 별이 이불 덮고 잤구만요

요즈음

혼자 자가격리 하며 윷놀이를 하고 논다
혼자라며? 누구하고 윷놀이를 하는 건데?
내 왼손 내 오른손이 윷놀이를 하고 놀지

왼손이 석 동 난 뒤 막 동 먹여 놓았는데
넉 동 업은 오른손이 그 막 동을 때려잡고
제기랄! 뒷도를 하여 퐁당 익사했지 뭐야

누가 좋다 카더나

마카 다 일 없다네, 삼월이 온다 한들, 그게 뭔 소용이람? 사월이야 오든 말든, 버들 년 치마폭 들어 꿀벅지를 보여준들

확진자 300명이 사투를 벌인다는 달성대실 요양병원 제2미주 정신병원, 우리 집 바로 코앞에 딱 버티고 있는 것을

마스크 두 개 사러 긴긴 줄을 서는 동안 이 세상 온갖 꽃들 다 맨발로 뛰어나와 한바탕 광란의 축제 야단 벅구통을 떤들

마카 다 일 없다네, 작두 타고 칼춤 추는 저 미친년 탓이어니 저리 썩 물렀거라, 코로나 이 망할 년아 누가 좋다 카더나

올봄에는 못 가봤다

일 년에 열두 번씩은 안으러 간 나무에게

초파일엔 어김없이 찾아가던 먼— 절집에

만 송이 꽃을 피우는 내 고향집 백목련께

백 리 밖 어느 산골 잔돌 많은 채마밭에

안 가면 몸살 나는 경주 남산 돌탑 앞에

지난해 높은 산으로 이사 가신 아버님께

대구는 0! 대구 만세!!

31번 확진자가 무슨 신호탄이 되어 대구가 쑥대밭 된 지 무려 52일 만에 확진자 한 명도 없던 4월 12일 날 아침,

참 발랄한 시인님이 카톡을 보내왔다

우와! 대구 만세! 오빠야아~ 추카! 추카!! 코로나 19 확진자 대구는 0! 대구 만세!!

해설

언어의 고향을 찾아
―이종문 시집 『내 마음 좀 알아도고』 읽기

오민석(문학평론가·단국대 교수)

1.

현대문학은 재현에 대한 불신으로 그동안 얼마나 가혹하게 언어를 다루어왔는가. 현대에 올수록 언어는 수많은 언어 수행자들에 의해 의심받고, 취조당해왔으며, 혹독한 고문을 당해왔다. 모더니즘에서 포스트모더니즘에 이르는 현대문학 텍스트들은 이렇게 의심의 눈초리들에 강타당한 상처투성이들로 가득하다. 언어와의 이 치열한 싸움 끝에 시에서 사라진 것은 무엇보다 음악성이다. 먼 고대에 모든 시는 노래와 하나였고, 시에서 노래를 분리한다는 것은 불가능했다. 시는 음악에 가장 가까운 언어였고, 언어가 흥을 주체하지 못해 노래로 변하는 순간에 만들어졌다. 시인은 흔한 말로 언어의 마술사

이자 뮤즈를 불러내는 주술사였으며, 슬프거나 기쁘거나 흥을 못 참아 노래를 부르는 가인이었다. 독자들은 문자를 몰라도 귀와 공감 능력만 있으면 얼마든지 시를 즐길 수 있었다. 시는 읽힌 것이 아니라 음유시인의 말과 노래를 통해 들려졌다. 그러나 구텐베르크의 문자혁명 이후 시와 노래는 본격적으로 분리되기 시작했다. 노래와 작별한 시들은 오로지 문자만으로 텍스트화되었고, 노래는 다른 세상에서 다른 기억이 되어버렸다. 시에 남아 있던 노래는 점점 시를 떠나기 시작했고, 이제 그 누구도 노래를 시의 필수품으로 간주하지 않는다.

노드롭 프라이(N. Frye)는 수많은 텍스트의 근저에 그 모든 텍스트의 모체라 할 수 있는 어떤 것, 즉 '원형(archetype)'이 존재한다고 보았고, 그것을 "텍스트와 텍스트를 이어주며 반복해서 출현하는 이미지나 상징들"이라 정의하였다. 이렇게 원형의 존재를 명시하고 나면 원형 이후의 모든 텍스트는 그것의 다양한 복제이거나 변용이 된다. 프라이의 비평 작업은 수많은 텍스트가 공유하고 있는 일종의 '기원-언어'를 찾고 '현재-언어'가 그것의 끝없는 반복임을 드러내는 것이었다. 이런 점에서 원형은 모든 후발 텍스트들의 어머니-언어이며 그것들의 고향-언어이다. 이종문의 이번 시집을 읽으면서 내가 느꼈던 것도 이런 기원-언어의 향취 같은 것이었다. 무엇보다 그에게 시는 아직도, 여전히, 노래이다. 후발 언어가 아무리 노래를 죽여도 시에는 여전히 노래의 피가 흐르고 있다.

노래는 지워지지 않는 기억처럼, 마치 집단 무의식처럼, 시 안에 살아있다. 원형은 지워지지 않는다. 그것은 다만 잊히거나 흐려질 뿐이다. 이종문은 시와 노래의 행복한 결혼 상태를 시조에서 찾는다. 그 가락은 단순하지만 친근하고, 잊었지만 다시 기억나는, 한때 우리 모두의 흥얼거림이었던 노래이다.

참 놀라운 일이구나, 이 호박씨 하나 속에

새파란 떡잎 두 장 고이 엎드리고 있다

각질을 우지끈 깨고 두 팔을 딱, 벌리다니

어안이 벙벙하구나, 바로 그 떡잎 속에

담장을 온통 덮을 긴긴 문장 품고 있다

조금씩 조금씩 풀어 자서전을 쓴다는 게

기적이 따로 없구나, 그 문맥 젖줄 물고

누렇게 익은 호박 그 소복한 씨앗마다

새파란 떡잎 두 장이 고이 숨어 있다는 게
　　　—「호박씨 하나 속에」 전문

시인은 떡잎 두 장이 발아하는 찬란한 순간을 3(4)·4조 4음보의 가사체 안에 담아내고 있다. 그가 끌어들인 노래 덕분에 떡잎이 발아하는 모습은 운동성(율동)을 갖게 된다. 노래는 추임새처럼 동작에 지속성을 부여한다. 그리하여 마침내 떡잎이 "각질을 우지끈 깨고 두 팔을 딱, 벌리"는 순간, 이 시의 음악은 마치 우주의 탄생을 축하하는 팡파르처럼 환하게 울린다. 시인이 노리는 것은 이와 같은 '의미와 소리 사이의 황홀한 결합'이다. 사소한 가사조차도 노래에 담기면 더 큰 울림을 갖는다. 2016년 미국의 대중 가수 밥 딜런이 노벨문학상을 받았을 때, 그 선정 이유는 그가 "위대한 미국 노래의 전통 안에서 새로운 시적 표현을 창조했기 때문"이었다. 밥 딜런의 문학에 대해 '노래가 시냐'고 따지거나 '그 가사가 노벨상의 수준에 올라 있느냐'고 묻는 것은 어리석은 일이다. 밥 딜런의 문학에서 시와 노래는 분리 불가능하다. 앞의 질문들은 시에서 노래를 솎아내고, 노래에서 시를 발라내는 사람들의 우둔한 질문일 뿐이다. 그 자신 노벨문학상 후보였던 살만 루시디(S. Rushdie)는 "오르페우스에서 파이즈에 이르기까지 노래와 시는 밀접히 연결되어 있다."라고 지적하면서 "딜런은 음유시인 전통의 찬란한 상속자"라고 칭송했다. 그런 점에서 시조 시인은 한국판 음유시인으로서 한국식 기원-언어의 전통을 살려내는 존재이다.

2.

기원-언어로서의 이종문의 시가 살려내고 있는 또 하나의 층위는 '생활 문학'으로서의 시의 가능성이다. 음유시인들의 입으로 불렸던 시들은 문자를 동원하지 않고도 누구든 듣기만 하면 쉽게 이해할 수 있는 것이었다. 모더니즘 이후 시는 난해성의 정점으로 치달으면서 가독성을 크게 상실해왔다. 그것은 언어 자체의 난해성 때문이기도 했지만, 시가 일상생활에서 멀리 벗어나 시인만의 특수한 내면의 고백으로 변해 나간 데서 생긴 것이기도 하다. 2000년대 이후 한국에서 소위 '미래파'의 등장 이후 난해성은 사조를 넘어 거대한 유행이 되어버렸다. 그러다 보니 초기 미래파의 성과에도 미치지 못하는, 난해성 자체가 낡은 관습이 되는 현상이 너무나 오래 한국 시단을 지배해왔다. 이제 난해성이 새로움이 아니라 권태의 언어가 되어버린 상황에서, 이종문의 단순한 언어는 마치 오래 잊은 푸른 정원처럼 반갑고 신선하다. 온통 무슨 말인지 모를 난해한 시의 홍수 속에서 이제 기원-언어의 단순성이 오히려 귀한 것이 되어버렸다.

오솔길
걸어가다
풀꽃들을 만나거든

풀꽃아
풀꽃아 하며
뭉뚱그려 부르지 말고

메꽃아
붓꽃아 하며
제 이름을 불러주게

끝순이를
만났으면
끝순이라 불러주고

돌쇠를
만났으면
돌쇠라고 불러야지

사람아
하고 부르면

누가 대답 하겠노?

— 「누가 대답 하겠노?」 전문

  누구든 이 시를 읽거나 듣기만 해도 쉽게 이해할 것이다. 행갈이를 했지만 여전한 3(4)·4조 4음보의 가락은 이 시를 더욱 친근하게 '생활' 속으로 밀어 넣는다. 그러나 단순한 것 같은 이 시의 내용은 그리 간단치 않은 철학을 담고 있다. 그가 볼 때, 모든 인간은 보편적 "사람"이 아니라 개별적 이름으로 불려야 한다. 사람만이 아니라 꽃도 마찬가지이다. 모든 사람과 사물은 저마다의 고유한 이름이 있고, 이 놀라운 개별성이 그 모든 것들을 제대로 온전히 존재케 한다. "누가 대답 하겠노?"라는 경상도 사투리는 단순하고 이해하기 쉬운 일상 서사와 합쳐지면서 그의 시를 더욱더 적절한 '생활 시'로 만든다. 이 시집의 어떤 시도 문자로 읽고 소리로 들어서 이해하기 어려운 작품은 없다. 그의 시는 어떤 자리에서 누가 읽어도 쉽게 공감할 수 있는 것들이다. 그리고 이것은 그냥 당연한 결과가 아니라, 시인 이종문의 분명한 결단이고 '선택'이다. 그는 구축의 언어가 아니라 자연의 언어를, 난해성이 아니라 단순성을, 비의적(祕儀的) 세계가 아니라 일상생활을 선택한다.

불쑥불쑥 돋는 니가 무슨 독초인 줄 알고
봄마다 새순 날 때 돋는 족족 꺾어낸 뒤

큰 돌로 내리눌러도 돌 비집고 올라왔제

내 아무리 꺾어내도 니 우지끈 다시 솟아
정말로 도분이 났다, 후네낐다, 엉기났다
그런데 내 알고 보니 니가 땅두릅이었네

땅두릅아, 땅두릅아, 니 그동안 억울했제
서러웠제, 분노했제, 땅을 치며, 통곡했제
참말로 도분이 났제, 후네낐제, 엉기났제
                       —「후네끼고 엉기난다」 부분

이 시는 제목부터 흥미롭다. '후네끼다'는 말은 '감당하기 어렵다'는 뜻의, '엉기나다'는 '지긋지긋하다'는 뜻의 경상도 사투리이다. 본문의 '도분내다'는 '화내다'는 뜻의 경상도 사투리이다. 설사 이 사투리의 뜻을 몰라도, 이 시를 읽다 보면 이 단어들의 음성만으로도 그 의미를 충분히 느낄 수 있다. 아무리 뽑아내고 꺾어내도 죽지 않고 지겹도록 자라나는 "독초"가 "알고 보니" 귀한 "땅두릅"이었다는 이야기가 이 시의 주요 내용이다. 그러나 "불쑥불쑥" "돋는 족족" 같은 4음절 리듬의 대구나, "도분이 났다, 후네낐다, 엉기났다" 같은 4(5)음절 리듬의 규칙적인 반복은, 이 사소한 일상의 느낌을 청각적으로 매우 생생하게 전달해준다. "서러웠제, 분노했제, 땅을 치며, 통곡했제"의 4·4조 4음보는 오랜 세월 집단 무의식의 형태로 전해 내려오는 조선의 가락을 잘 살려낸다. 이 난경(難境)의 시대에 도대체 어디에 가서 이런 고향의 소리, 기원의 소리를 들을 수 있을까. 이런 점에서 이종문은 그 모든 복잡한 해석-언어들 이전에 존재하는 기원-언어의 탐구자이자 실행자이다. 그는 이런 작업을 통해 우회적으로 말한다. '보라, 모든 진리는 단순하다.' 그러니 그 모든 복잡한 추궁과 해석과 파괴를 거친 언어에 이제는 쉼의 시간을 주어야 한다. 지치고 상처받은 모든 노마드-언어는 고향-언어를 그리워한다. 이종문은 그리로 가고 있다.

> 조그만 상을 탔다, 고향에서 주는 상을
> 수상 꽃다발을 엄마 품에 폭 안겼다
> 기저귀 차고 누우신 아흔네 살 얼라 품에
>
> 어디에 그런 힘이 아직 남아 있었는지
> 들입다 일어나서 큰 박수를 냅다 치고
> 꽃다발 굽어보시다… 폭 쓰러져 주무셨다
>
> 히죽히죽 웃으시며 콜콜 잠든 엄마 보며
> 내 잠시 기도했다, 벼락 맞고 남을 기도
> 그토록 행복하신 잠 그마 깨지 마이소

―「그마 깨지 마이소」 전문

이 작품의 기본 가락도 4·4조 4음보 가사체인데, 이런 가락은 "여보시오 농부님네 이내 말을 들어보소/어허화 농부님 말들소"로 불리는 〈농부가〉의 장단처럼 민중적이다. 이종문의 노랫가락은 이렇듯 생활 속으로 들어가 있다. "기저귀 차고 누우신 아흔네 살 얼라"인 어머니가 늙은 아들의 수상 소식에 "히죽히죽 웃으시며" 잠든 모습을 보고 "그마 깨지 마이소"라 말하는 화자의 심정은 어떠할까. 민요가 삶의 고통과 애환을 슬픈 가락으로 껴안듯이, 이 작품은 북 장단에 얹힌 창 소리로 생로병사의 처연한 종점에 서 있는 어머니를 노래하고 있다.

3.

먼 고대의 음유시인들은 청중을 지루하게 내버려두지 않았다. 시인들은 거역할 수 없는 운명의 힘 앞에 쓰러지는 인간의 모습을 들려주며 청중들을 탄식에 젖게 했고, 극단적인 절망 속에서 분투하는 영웅을 보여줌으로써 그들의 가슴을 희망으로 가득 채우기도 했다. 음유시인들은 예술을 대하는 청중의 인내심이 그리 오래 지속되지 않음을 잘 알고 있었다. 진지하고 긴장된 언어의 폭풍이 한차례 지나가면, 그들은 능청스레 폭소를 불러일으켜 시가 낭송되는 자리를 떠들썩

한 잔치의 풍경으로 만들었다. 시가 이런 식으로 일상의 생활 속에서 소비될 때, 해학의 언어는 매우 필수적인 것이 된다. 이종문 시인은 이런 점에서 "유머의 급진주의"(테리 이글턴T. Eagleton)를 아는 시인이다.

> 소의
>
> 콧등에다
>
> 오줌을 누곤 했던
>
> 시인 문인수 형 하늘길로 떠납니다
>
> 하느님 받아주소서!
>
> 소도 용서
>
> 했답니다
>
> ―「하관」 전문

선배 시인의 하관 장면에서 시인은 왜 하필이면 "소의/콧등에다/오줌을 누곤 했던" 고인의 과거를 기억해냈을까. 그리고 소도 그것을 용서했으니 하느님도 그것을 받아달라는 기도는 얼마나 능청스러운가. 이종문 시인의 '유머의 급진주의'는 죽음의 공포도, 헤어짐의 슬픔도 일순간에 뛰어넘으며 망자를 더욱 애틋하게 기억하게 만든다. "문인수 형"이 왜 그런 짓을 했는지 모르지만, 그 위악스러운 행위에는 장난꾸러기 동자승 같은 시인의 모습이 보인다. 그리고 그것을 용서해달라고 하느님께 '떼를 쓰는' 화자에게서도 악동의 면모가 다분히 느껴진다. 이 시는 엄숙한 장례의 현장에서 유머를 통하여 두 악동 시인들의 관계를 아름답고도 유쾌하게 형상화한다. 그리하여 "하관"은 돌이킬 수 없는 비극이 아니라 자연스러운 삶의 과정이 되고, 죽음과 이별의 슬픔은 자연스레 극복된다.

수덕사 갈라 카머 직진하며 되능기요?

아녀유 직진혀선 수덕사에 못 가지유

좌회전 우회전혀도 갈 수 없을 거구먼유

그라머 우에 해야 수덕사에 가능기요?

아 이제 남은 것이 유턴밖에 더 있남유

그랑께, 바로 저기서 유턴혀서 가랑께유

— 「수덕사 갈라 카머」 전문

  이 작품은 익숙한 4·4 가사체 가락에 사투리를 질펀하게 깔면서 민중적 해학의 한 정점을 보여준다. 이 시에서 "수덕사"는 문자 그대로 수덕사일 수도 있고, 궁극적으로 도달해야 할 어떤 목표일 수도 있으며, 마침내 깨우쳐야 할 진리의 상징일 수도 있다. 길을 잃어 묻는 사람은 답답하고, 묻는 길마다 길이 아니라는 대답에 절망할 것이다. 그러나 답을 하는 자는 말한다. 그래도 길이 있다고. "이제 남은 것이 유턴밖에 더 있남유/그랑께, 바로 저기서 유턴혀서 가랑께유"라는 대답은 얼마나 단순하고 명료한가. 이것도 저것도 길이 아니라는 대답에 낙담하고 있는 자에게 이런 말은 마치 선문답에서나 볼 수 있는 번개의 언어이다. 이 작품은 능청스러운 언어로 유머를 가장하고 있지만, 진리 찾기를 포함한 그 모든 길 찾기에 적용될 수 있는 영지적(靈知的) 지혜를 보여준다. 모든 길이 막혀 도저히 갈 수가 없을 때는, 오던 길로 다시 돌아가면 된다. 길은 앞에 혹은 옆에만 있는 것이 아니라 뒤에도 있다. 이종문은 뒤로 돌아 기원-언어를 향해 가고 있다. 그 언어의 고향에선 시와 노래가 서로를 껴안고, 단순성의 미학이 존중받으며, 유머의 급진주의가 화석화된 이분법을 깨뜨린다.

시인동네 시인선 200

내 마음 좀 알아도고
ⓒ 이종문

초판 1쇄 발행	2023년 3월 20일
초판 2쇄 발행	2023년 11월 2일
지은이	이종문
펴낸이	김석봉
디자인	헤이존
펴낸곳	문학의전당
출판등록	제448-251002012000043호
주소	충북 단양군 적성면 도곡파랑로 178
전화	043-421-1977
전자우편	sbpoem@naver.com

ISBN 979-11-5896-587-7 03810

*이 책의 판권은 지은이와 문학의전당에 있습니다.
*양측의 서면 동의 없는 무단 전재 및 복제를 금합니다.
*잘못 만들어진 책은 바꿔드립니다.
*이 시집은 〈2023년 문학나눔 도서보급사업〉에 선정되었습니다.